学习方法

学习力觉醒

学习方法

文制的高效学习笔记

1

小熊馆

著

湖南少年儿童出版社
HUNAN JUVENILE & CHILDREN'S PUBLISHING HOUSE

小博集
BOOKY KIDS

·长沙·

图书在版编目（CIP）数据

学习力觉醒：可复制的高效学习笔记．1，学习方法 /
小熊馆著．-- 长沙：湖南少年儿童出版社，2024.5
ISBN 978-7-5562-7607-3

Ⅰ．①学… Ⅱ．①小… Ⅲ．①小学生－学习方法
Ⅳ．① G622.46

中国国家版本馆 CIP 数据核字（2024）第 089474 号

XUEXILI JUEXING: KE FUZHI DE GAOXIAO XUEXI BIJI 1 XUEXI FANGFA
学习力觉醒：可复制的高效学习笔记 1 学习方法

小熊馆　著

责任编辑：唐　凌　蔡甜甜
监　　制：王　澜
策划编辑：修玉婷
特约编辑：张　雪
封面设计：马睿君
内文排版：马俊赢

出 版 人：刘星保
出　　版：湖南少年儿童出版社
地　　址：湖南省长沙市晚报大道 89 号
邮　　编：410016
电　　话：0731-82196320
常年法律顾问：湖南崇民律师事务所 柳成柱律师
经　　销：新华书店
开　　本：775 mm×1120 mm　1/32
印　　刷：天津联城印刷有限公司
字　　数：46 千字
印　　张：2.5
版　　次：2024 年 5 月第 1 版
印　　次：2024 年 5 月第 1 次印刷
书　　号：ISBN 978-7-5562-7607-3
定　　价：22.00 元

若有质量问题，请致电质量监督电话：010-59096394 团购电话：010-59320018

目 录

你好，我叫彭小鹏，和你一样，是一名小学生。但是，我更喜欢大家叫我小P，因为我发现不管是在学习中，还是在生活里，我们总会遇到大大小小的 problem（问题），我把 problem 缩写为 P，这样一来，problem 就变小了，我就变强大了，你看是不是呢？

其实，发现问题并不可怕，因为我能想到很多好玩的办法解决问题。这套书就是我在解决问题时用到的思维工具，非常管用哟，相信也会对你有帮助。

在这里，我要郑重感谢一下博士，没有他，我的思维工具箱不可能有那么多工具。等你看完这套书，也会拥有一套自己的思维工具的。

你好，我是博士，很高兴能给你介绍这 52 个思维工具的使用技巧。不管是你，还是小 P，当你们遇到问题时，要相信一定有很多解决办法，思维工具是其中一种，可以帮助你们养成良好的思维习惯，训练出一套自己的思维方法。

每个思维工具背后都有小故事，是经过很多人实践、总结而来的。不同人使用同样的工具也有不同的效果，那是因为每个人都会用自己的大脑思考问题，思维工具是帮助你梳理想法的。所以，思维工具可以让你更积极地使用更多角度思考问题，从而在面对一个问题时能有更多的方法。

语文工具箱

博士，您这些都是什么宝贝？

这些"工具"说不定你一用就能喜欢上。

花样多多，
供你挑选。

学语文还能有
什么花样？

　　任何学习都需要积累，语文尤其需要日积月累的功夫。怎么积累呢？语文算是学科里最容易积累的，我们平时听的课，看的书，如果你能留心记录下来，那可能成为不小的素材库。背课文也是一个很好用的方法，每篇课文的遣词造句不是读一两遍就能领会要点的，还要通过默读、朗诵、背诵、出口成章这样的顺序来加深语文功底。只要我们多读、多听、多看、多记、多写，书里的宝藏都能为我们所用。

读书笔记

　　字、词、句是学习语文的基础。我们在熟读课文以外，还要多读课外读物，练出读感和语感，日后用起来才能得心应手。读书笔记这个工具就是记下所读所想、重点字词、修辞手法、中心思想等内容。用下面的笔记模板，你就不用担心漏掉什么了。

阅读记录　　书名 _____　日期 _____

第一遍阅读 略读抓住中心思想和细节

内容介绍

主要角色

文章结构

第二遍阅读 精读并记录

不认识的字、词、句	释义	用自己的话说

第三遍阅读 思考并整合知识

精彩语句

我印象最深刻的句子 _____

原因是 _____

拼合阅读法　　书名 _____　日期 _____

角色（列出主要角色及特点）①

情景（描述故事发生的时间、地点）②

列问题（在故事中出现了什么问题）③

找答案（怎么解决问题的）④

内容梗概（总结故事大意，不要遗漏重要情节）⑤

好词好句记录⑥

书名/文章名 _____　作者 _____

我为什么想读? _____

①

②

③

④

⑤

⑥

写写写

从造句到写一篇小文章，我们能写的越来越多，但有时候也会不知道如何下笔，下面这些小工具或许能启发你的灵感。

表达观点的写作方法

观点
写下你的观点

论据
写出信息、原因来支持你的观点

举例
写出支持以上说法的事例

总结
再次强调你的观点

解决问题的写作方法

提问

描述一种现象并提出问题

回答

推测可能性

论证

列出资料、原因来支持你推测的答案

举例

写出支持以上说法的事例

构思故事的写作方法
先给故事列出框架
谁?（故事的主人公）

时间

地点

做了什么？（发生的事情，列出各部分关键词）

· 开头（列出关键词） _____

_____

· 经过（列出关键词） _____

_____

· 结尾（列出关键词） _____

_____

原因

影响

开始写作，把上面的框架变成你的文章吧!

英语工具箱

　　学习英语有很多要记忆的内容，如词汇、语法规则、会话句式等，这可是不能偷懒的。不过要把单词背得滚瓜烂熟也没多难，除了定时、定量规划需要记忆的内容，还可以用一些小工具，帮助我们更好、更快地理解和记忆。

问题书

学习英语，背单词是最基础的。我们想要真正掌握这门语言还要读英文，学习句式、语法规则等，这些内容会让我们了解语言的内在规律，让我们在阅读时带着问题刨根问底，用提问的方式让自己巩固记忆、加深理解。

带着问题进行探索阅读！

Who? Why? How? When? Where? What? Did...

五指复述法

当你要复述阅读内容时，你需要搞清楚……

characters 故事的主人公是谁?

setting 故事发生的时间、地点分别是什么?

events 故事开头、经过、结局是怎样的?

problem 故事中出现了什么问题?

solution 问题是怎么解决的?

翻翻书

按照习惯把英语单词分类，内容可以根据你的需要更新换代。

bedroom 卧室
mirror 镜子
pillow 枕头
curtain 窗帘
wardrobe 衣柜
bed 床
blanket 毯子
alarm clock 闹钟

你的翻翻书

请你用下面的单词小卡片制作自己的翻翻书。

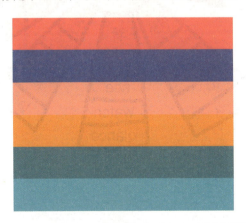

小太阳记忆法

太阳书是背单词的一个好工具，每一束"光芒"是一个中文词对应四个英文单词或词组，一记就记四个；一个太阳的光芒可以由一组中文词组成，这也有助于联想记忆。

做一个小太阳

　　下面是一个空白的小太阳，填入词汇完成每束光束，你就拥有了自己的小太阳。

缀缀书

把有前缀或后缀的词放在一起，这样记一个词能连出一串词。

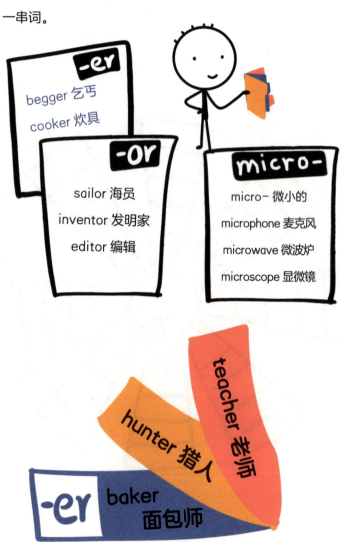

-er
begger 乞丐
cooker 炊具

-or
sailor 海员
inventor 发明家
editor 编辑

micro-
micro- 微小的
microphone 麦克风
microwave 微波炉
microscope 显微镜

teacher 老师
hunter 猎人
-er baker 面包师

你的缀缀书

快来制作你的专属缀缀书。

–er

–or

–ful

数学工具箱

学好数学的根本是把课本知识学扎实、认真完成作业，课外练习是课本的延伸和拓展，所以，一定要在吃透课本的基础上，再提高课外练习。预习、学习、复习、提高练习，按这个顺序坚持学习一个学期，你可能会收获满满。

算算算

我们的时间宝贵，所以做数学练习要有侧重点：哪类题的出错率高？哪类题容易卡壳？我们可以利用工具加强练习，熟练的题越练越熟，易错题和陷阱题常练才能减少出错。

一张图

有很多数学概念需要理解、记忆，可以把同类的概念、公式和定理归并在一张图里，这样，一张图包括了知识点，清晰又明了。

图形计算公式推导及速计

长（a）宽（b）高（h）半径（r）周长（C）面积（S）体积（V）

平面图形的周长和面积公式

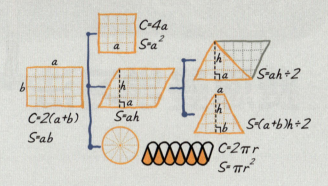

$C=4a$
$S=a^2$

$C=2(a+b)$
$S=ab$

$S=ah$

$S=ah÷2$

$S=(a+b)h÷2$

$C=2\pi r$
$S=\pi r^2$

立体图形的表面积和体积公式

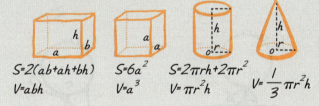

$S=2(ab+ah+bh)$
$V=abh$

$S=6a^2$
$V=a^3$

$S=2\pi rh+2\pi r^2$
$V=\pi r^2h$

$V=\dfrac{1}{3}\pi r^2h$

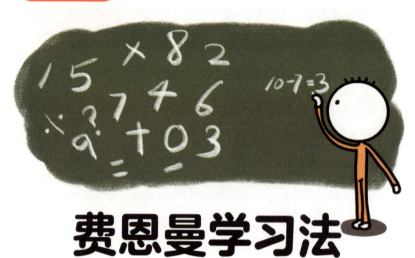

费恩曼学习法

奇怪，我明明懂了呀。

为什么老师说计算"钞票面值"和"鸡兔同笼"是一回事？

博士，我是真懂还是假懂？

是真是假有一个思维工具可以帮你验证，来看看费恩曼学习法。

　　小 P 的困惑也是很多人的学习之"谜"：为什么自己明明学会了做"鸡兔同笼"的题目，但将题目换成"钞票面值"就又不会了呢？听老师讲能听明白，但一做题就卡壳……在课堂上，老师用自己的经验来给同学们传授知识，如果你真正学会了，是不是也可以成为"老师"，用自己的话讲给别人听呢？费恩曼学习法就是采用了这样的方式。

　　理查德·费恩曼（Richard Feynman）是 20 世纪美国物理学家，1965 年的诺贝尔物理学奖获得者。费恩曼除了是物理学家，还是一位备受欢迎的大学教授。他以注重细节、追求简洁和备课认真著称，学生们非常喜欢他讲课的方式。同时，他总能给艰深晦涩的知识找到通俗易懂的讲法，用小孩子都能听懂的语言解释事物。这种教学风格让学生们受益匪浅，而费恩曼教授精简高效的教学法也发展成了费恩曼学习法（Feynman technique）。

第一步 记述

记下一个目标，确定学习内容。

这一步很简单，在一张纸上写下学习中遇到的一个小难题，如小P的"鸡兔同笼"之谜。

第二步 讲述

给（　）讲一讲第一步里的小难题是怎么回事。

这个括号里可以填入爸爸、妈妈……你身边的熟人都可以成为你的"学生"，小P就可以讲讲他学到的"鸡兔同笼"。

第三步 回顾

在第二步讲述的过程中遇到了哪些问题，总结回顾需要注意的地方。

等你讲述完，一定要问问你的"学生"是不是听懂了，这个步骤很关键。如果你的"学生"听完还是糊涂的，那你这个"老师"要回顾一下讲述的过程，到底是哪里出了问题……这是一个深入学习的过程，可以加深对知识的理解程度。

第四步 传授

老师在讲课的时候，用的是每位同学都能听得懂的语言。所以，当你成为"老师"的时候，也要尽可能使用简洁明了的语言，如果越说越多，甚至越说越糊涂，那就回到第三步梳理清楚。

如果以上四步你都做到了，你一下子就知道自己有没有真的学透这个知识点。没学透也没关系，因为通过这四步你也能明白哪儿没学到位，后面该如何补救。

当你学习一个新的知识点，或者在学习的时候遇到了一个过不去的坎儿时，就可以试试费恩曼学习法这个思维工具。费恩曼学习法还可以概括为一句话：试试自己做老师。"难者不会，会者不难"，用说明白来检验一下是不是学明白了。

这个思维工具真不错，我也能当老师了。

小P老师，那下面看你的啦！我洗耳恭听。

做题思路提示

鸡兔同笼

鸡、兔共 15 只，脚共 48 只，求鸡、兔各几只？

第一步：假设 15 只全是兔

共有脚：$4 \times 15 = 60$（只）

第二步：求脚差　$60 - 48 = 12$（只）

多出 12 只脚

第三步：用鸡替换多的脚

鸡有：$12 \div 2 = 6$（只）

第四步：兔的数量是总数减去鸡的数量

兔有：$15 - 6 = 9$（只）

钞票面值

5 元和 10 元的纸币共 14 张，面值共 100 元，

求 5 元和 10 元纸币各几张？

第一步：假设全是 10 元纸币

共有面值：$10 \times 14 = 140$（元）

第二步：求面值差　$140 - 100 = 40$（元）

多出 40 元

第三步：用 5 元替换多的纸币

5 元纸币有：$40 \div 5 = 8$（张）

第四步：10 元纸币的数量是总数减去 5 元纸币的数量

10 元纸币有：$14 - 8 = 6$（张）

费恩曼学习法——"试试自己做好老师"四步法

确定目标： "鸡兔同笼" 以及 "钞票面值"

 记述

 讲述

重点内容：

① 解题方法——假设法

② 解题步骤——第一步假设全是兔子，第二步求脚差，第三步求鸡的数量，第四步求兔子的数量

③ 代入例题验证：鸡兔在一笼，已知鸡和兔一共15只，鸡脚和兔脚一共48只，问鸡、兔各几只

④讲钞票面值：可是钞票没有脚……

 回顾

发现不足： "鸡兔同笼" 不能替换为 "钞票面值"

找到原因： 不理解动物脚和钞票面值的关系

 传授

再讲难点：

① 把面值5元、10元的纸币看作钞票的 "脚"

② 把鸡的2只脚替换为5元，兔子的4只脚替换为10元，同样用假设法解答

舒尔特方格

小P根本坐不住!

博士，我的屁股没长钉子吧，为什么我总是坐不住？

没关系，有办法。

　　小 P 属于典型的"看书三分钟，玩乐仨小时"。这可不是只发生在小 P 身上，大人也会经常管不住自己，一会儿想做这个，一会儿又想做那个。专注力这个"力"有点淘气，你越想专注，它就越不专注。有时候我们的专注力被同时分散到很多事情上，可能导致我们对每件事的注意力都不够集中。好在舒尔特方格能拉回我们的专注力！

1.2.3 …… 25!

11	24	8	23	15
19	2	14	5	25
13	10	18	1	9
3	20	7	12	22
17	6	21	16	4

　　舒尔特方格最初是给飞行员训练用的，为的是提高飞行员处理突发情况的能力，也就是快速反应的能力。舒尔特方格是由德国精神病学家和心理治疗师瓦尔特·舒尔特（Walter Schulte）开发的一种心理诊断测试，用于研究注意力的特性。

　　舒尔特方格通常由 25 个方格组成，每个格子的大小是 1 厘米 ×1 厘米。玩法是将 1— 25 的数字打乱顺序后填入方格，然后以自己最快的速度，边读边依次指出 1— 25。指出 25 个数字的用时越短，说明专注力越强。

　　舒尔特方格的玩法形式简单，而且也没有场地限制，所以你随时随地都可以玩，挑战无极限。

玩出专注力

　　最基础的舒尔特方格是从 1— 25 这 25 个数字开始，但随着你的专注力的提升，舒尔特方格也可以跟着升级，格子里的内容可以根据你的需求，变化成汉字、单词、唐诗等，只要放得进格子的内容，都可以用来挑战。你还可以更换玩舒尔特方格的场景，除了学校、家里这样安静的场所，还可以到体育场等喧闹的环境里，试试能不能力排各种干扰，集中注意力创造个人最好的纪录。

古诗版舒尔特方格

谙	景	如	能	春
来	江	绿	胜	江
蓝	★	火	不	出
日	南	江	★	南
水	江	风	旧	忆
花	★	红	曾	好

忆江南

〔唐〕白居易

江南好，

风景旧曾谙。

日出江花红胜火，

春来江水绿如蓝。

能不忆江南？

玩出阅读力

　　为什么飞行员训练会用到舒尔特方格呢？考验专注力只是一方面，舒尔特方格还被用来评估视觉搜索移动的效率和速度，边读边找的方式对锻炼眼球末梢的视觉能力有极大帮助，可以拓展视觉的广度。所以，经常玩舒尔特方格能提高阅读速度，还能玩出一目十行和过目不忘的能力。

据说飞行员的平均成绩是 6.25 秒，我比飞行员快吧？

这个……

记录下你玩数字版舒尔特方格所用的时长。

8	1	12	10	23
4	25	16	19	7
21	13	5	17	14
9	2	6	11	3
24	15	20	22	18

用时：＿＿＿＿＿＿＿＿

10	20	3	8	23
14	13	22	18	11
24	15	4	12	7
21	1	17	16	6
25	5	2	9	19

用时：＿＿＿＿＿＿＿＿

再试试你玩古诗版舒尔特方格所用的时长。

望天门山

[唐] 李白

天门中断楚江开，碧水东流至此回。

两岸青山相对出，孤帆一片日边来。

一	岸	孤	江	对	断	边
流	回	青	片	相	水	中
天	东	来	开	两	楚	山
门	帆	日	碧	此	至	出

用时：_____

中	断	青	对	开	水	帆
日	两	门	回	流	来	片
一	至	相	天	岸	孤	江
东	边	此	山	碧	楚	出

用时：_____

SQ3R 阅读记忆法

博士，有没有办法能让文字越读越少？

这个还真没听说过。

那我怎么读得完……

　　你可能发现了，像语文、英语这样的学科，都有阅读理解的题型。我们可以在平时通过多多阅读文章，然后针对文章提出问题，再进行解答，来提高自己的阅读能力。SQ3R 是一种阅读记忆法，这个思维工具的强项就是能给我们的阅读加分。

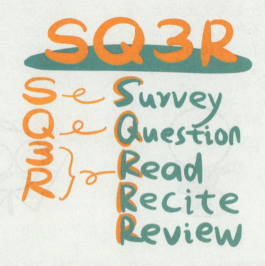

SQ3R 是 5 个英文单词首字母的缩写，5 个英文单词分别是 survey（浏览）、question（提问）、read（精读）、recite（背诵）和 review（复习）。这个思维工具是由美国心理学教授罗宾森（F. P. Robinson）提出的。据说他小时候学习英语比较吃力，总是记不住单词，但是他在不断的摸索中，总结出了一套行之有效的阅读记忆法，就是 SQ3R 阅读记忆法。

SQ3R 阅读记忆法把读书划分为 5 个部分，每个部分发挥各自的作用，使用这个阅读记忆法既能对全书框架有大体了解，也能够对全书的各个部分有提纲挈领的把握。SQ3R 阅读记忆法的核心就是让我们带着目标去阅读，这样有利于长期记忆所阅读的内容。

SQ3R 阅读记忆法
怎么帮我读完这么
长的英文呢?

    SQ3R 阅读记忆法的应用很广，很多大人用这个工具读大部头或有难度的资料，像一本本很厚的技术专著、一篇篇很难的科学论文。在 SQ3R 阅读记忆法的分解下，再"难啃"的资料也能被大人们"咽"下去；而对你们小学生来说，把 SQ3R 阅读记忆法的核心代入到阅读上就够用了。

你可以挑一篇读起来比较费力的英文文章，我们用SQ3R 来分步阅读。

Survey 浏览

浏览的意思就是快速阅读，在快速阅读中抓取文章的重点：标题是什么、分了几个段落……通过浏览这些重点内容对全篇文章有一个基本的了解。

Question 提问

???

提出问题非常关键，我们可以在提问的过程中来确认目标。

例如，在读完文章后，我们可以提出这样的问题——"How is Jim on his birthday?"，那么在阅读的过程中要关注描述 Jim 情绪的词汇或句子，是 tired 还是 happy but not tired。这就抓住了阅读的重点，同时，要做到边阅读边做笔记。

Read 精读

精读的要求比较高，我们可以通过抓住几个关键点，循序渐进地掌握全文。

精读时需要把问题和内容相结合，从头到尾细读，对重要、难解部分反复读。

精读遇到生僻词汇时，最好不要跳过去，可以联系上下文，把自己代入文中的情景，体验过程中的变化，这样的沉浸式阅读对理解和记忆也大有益处。

Recite 背诵

　　这个环节是让我们对读后的内容进行回顾，recite（背诵）也可以拓展为 recall（回想）、repeat（复述），这都是回顾的方式。你可以根据应用场景和难易程度灵活使用，如考试的时候大多是 recall（回想），读长篇文章可以 recite（背诵）重点段落，读整本书可以 repeat（复述）主要情节。

　　拿你挑的这篇文章举例来说，每读完一个段落，试着在脑中回想几遍读过的内容，找出与问题相关的重点内容，记录下来并且复述出来。

Review 复习

　　根据阅读的内容，我们 review（复习），也可以 reread（复读），边读边看一遍之前的笔记。尤其是记忆不清晰的地方，要重点看一下。

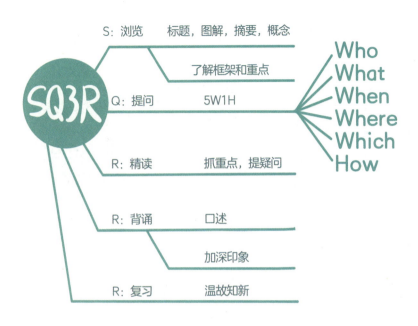

SQ3R 阅读记忆法可以帮助我们在阅读中抓取重要信息，不错过每个关键的细节。而且，阅读与记笔记是一对好搭档，搭配使用能让我们的新知识和旧知识融会贯通，让我们更好地吸收书本里的养分。

我来用 SQ3R 阅读记忆法读一本书看看。

下面这个 SQ3R 阅读记忆法指南，可以帮助你高效地阅读文章和图书。

Survey（浏览）

浏览文章，重点留意可能隐藏重要信息的地方，例如：标题、每段开头和结尾、图片和说明、表格、粗体文字、关联词……

Question（提问）

阅读材料后没有问题，你可以通过 5W1H 分析法提出问题：

What 主题是什么？

Why 为什么要写这个主题？

Who 有哪些主要的人或物？

When 有哪些关键的时间点？

Where 有哪些重要的场所？

How 人或物怎么样了？

这些问题将帮助你更透彻地理解阅读材料。

Read（精读）

仔细阅读文章或图书，边读边做笔记，找出 5W1H 分析法问题的答案。

Recite（背诵）

背或复述出阅读材料的主要内容。

Review（复习）

定期复习读过的内容，想想下面这些问题：

阅读材料中的内容和你知道的哪些知识有关联？

这些知识对你有什么启发？能够解决哪些问题？

你还可以把这些知识用在哪些地方？

西蒙学习法

围棋跟我不
对脾气。

好像象棋、国际象
棋、军棋……跟你
都不对脾气。

是呀，为什么呢？

可能是因为对每种棋你都只有三分钟的热度？

　　一开始小 P 说喜欢象棋，可是学了三天，认为"马走日、象飞田"死板；改学国际象棋三天后，他认为规则多、变化多，记不住；最后改学围棋，又有新的问题出现了，小 P 的屁股像是长了钉子似的，在椅子上磨来磨去……学习不是两三天的事，有一个思维工具主张用 1000 个小时来真正掌握一门学问，这就是西蒙学习法。

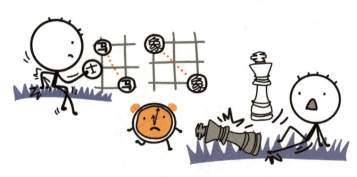

西蒙学习法（Simon learning method）是诺贝尔经济学奖获得者赫伯特·西蒙（Herbert Simon）提出的一个理论。西蒙对多位象棋大师进行过研究，发现在练习数千个小时之后，这些大师看到的棋盘上的棋子和我们眼里的棋子是不一样的："这个棋局已经给了我们提示，根据这个提示我们可以搜寻到大脑存储的信息，而这些信息就能给出答案。直觉只不过是人们的认知而已。"

西蒙的研究表明：一个人1分钟到1分半钟可以记忆一个信息，心理学把这样一个信息称为"块"，每一门学问所包含的信息量大概是5万块，如果1分钟能记忆1块，那么5万块需要近1000个小时。西蒙学习法强调的是持之以恒，这是掌握一门学问的不二法门。

近1000个小时？那我得多老了？

活到老，学到老嘛。

　　不要被1000小时这个数字吓到，这个思维工具告诉我们的是，要专注地、持续地、有深度地学习。为了形象地说明，有人把西蒙学习法比作锥形学习法。——知识的专一性像锥尖，精力的集中好比是锥子的作用力，时间的连续性好比是不停顿地使锥子往前钻进。"铁杵磨成针"讲的也是这个道理。

　　思维工具教我们的是方法，西蒙学习法除了告诉我们学习要持续不断地努力，最核心的还是要根据自己的学习情况和能力，把学习拆分为一步一步的，坚持下去，才能真正增强学习能力。

我们来看看怎么用西蒙学习法学下围棋。

选择一门学问 → 拆分这门学问 → 持续学习 → 掌握这门学问

第一步 选择一门学问

知道自己想学什么、对什么感兴趣很重要。小P想学围棋，不管学什么棋，每次小P很快就能学会规则和定式，他对下棋也很有兴趣，但是如果想学出门道来，仅仅掌握基础知识还不够，这就要到下一步。

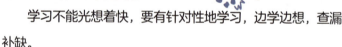

第二步 拆分这门学问

学习不能光想着快，要有针对性地学习，边学边想，查漏补缺。

一开始小P总是学得很快，但一遇到困难的地方，就认定和围棋"不对脾气"，甘愿停留在一知半解的阶段。很多人常常前面的还没弄懂，就急着学后面的，结果更加不懂，还不如用心吃透每一阶段的所学，先学会走，再学着跑。小P也是一样，每次在开始下一阶段的学习之前，应该先来回顾一下前面学得怎么样。

第三步 持续学习

　　小 P 只学了三天围棋就想见到成果，饭还要一口一口吃呢，棋艺怎么可能在三天里就有显著提升？

　　坚持确实不是一件容易的事情，特别是坚持一件有挑战的事，这时候可以"求助"：如果你对有的知识点没理解透彻，要及时求教，不耻下问，不断地改正和强化要学习的知识。

第四步 掌握这门学问

　　这一步是学成的结果，也是学习的新开始。学无止境，正因为学习不容易，所以学成的喜悦才格外珍贵。

看上去挺简单嘛。

虽然看上去只有四步，但每一步都要真正地做下去、学进去，1000 小时可能不够用呢！

小 P，你不是一直想提高弱科英语的成绩吗？西蒙学习法一样适用。

博士，您快说说，我真的不想再被英语成绩拖后腿了。

第一步

瞄准弱科，重建信心

行动之前，首先要有积极的心态，让信心满格。英语成绩不好，说明进步的空间很大。每次学习中吃透两三个没掌握的知识点，就有可能在考试中把成绩提高 5 分，甚至 10 分。坚持用正确的方法学习，弱科也能变强科。

第二步

找出原因，确定目标

找出成绩不好的原因，主要是要总结试卷中容易出错的题目。小 P 英语成绩不好是因为阅读扣分多，而阅读扣分的原因是词汇量小和不理解长难句。

第三步

拆分目标，付诸行动

根据自己的情况，把大目标拆分成好执行的小任务，制订出详细的"月度提升计划"并认真执行。坚持执行是最重要的一步，可以请老师和爸爸妈妈监督你。

本月攻克	大目标	小任务	时间
词汇	背诵本学期和上学期的单词	每天记 20 个单词	上学路上 10 个 放学路上 10 个
长难句	学懂长难句	①课文中的长难句请教老师和同学 ②补习语法 ③每周做三篇阅读理解	① 课间休息 ②周六 ③写完作业后

第四步

检查效果，调整计划

每月结束做一次小测试，检查自己是否按计划掌握了知识，有没有进步。根据检测结果调整计划。

57

OKR 学习法

你这是什么练习？

我……不敢举手发言……

这个好办，OKR 能帮你举起手来。

　　课堂上同学们踊跃举手发言，可以活跃课堂气氛，还能大大调动学习的积极性。小 P 不敢举手有一部分原因是害怕出洋相，万一回答错了多难堪呀。这样的想法让小 P 的手臂越来越沉，沉重到举不起来的地步。所以对小 P 来说，"举手发言"是一个富于挑战的小目标，而 OKR 这个思维工具最大的特点就是"挑战不可能"！

OKR 的全称是 Objectives and Key Results，意思是"目标和关键结果"。20 世纪 70 年代，英特尔公司创始人之一安迪·格罗夫（Andy Grove）把 OKR 引入英特尔。O 表示目标（objectives），KR 表示关键结果（key results），目标就是指你想做什么事情，关键结果就是指如何确认你做到了那件事。OKR 是一种绩效激励模式，能有效激发人们的内驱力，调动人们的主观能动性，从而使人们实现目标。很多国际互联网公司把 OKR 奉为公司快速发展的管理秘诀。

手长在我身上，我不想举手，OKR 怎么举得起来？

OKR 会给你力量举起手。

OKR 的核心精神是确立的目标一定要有挑战性，而且这个目标是可以数得出来的。我们来为小 P 的"举手发言"做一个 OKR。

OKR 的第一步是确立有挑战性、可计算的目标。

什么样的目标是"有挑战性"的呢？如小 P 的一般目标可能是举手发言，而有挑战性的目标是只要有机会，就要在课堂上举手发言。如果一个学期能举手发言 30 次，那就可以奖励自己一个一直想要却没得到的礼物。

O：一个学期，举手发言 30 次——给自己一个奖励。

OKR 的第二部分是关键结果（Key Results），也就是"检验目标是否达成关键结果"。确定了 O 之后，你要给自己布置几个 KR，一直朝着这个目标前进，确保从目标到结果的实现。

在最有把握的数学课上，举手发言 10 次

在不想发言的语文课上，举手发言 10 次

在有点紧张的英语课上，举手发言 10 次

O 并不是一般的小目标，是要带一点刺激，你会为实现这个 O 有点兴奋，但 KR 作为"结果"，必须是可以用数字表现的，同时还应搭配具体的完成时间节点，给目标的达成上双保险。

英语能力提升，需要坚持训练听、说、读、写等多方面，OKR 学习法这个工具能帮我们全面提升英语能力。一起来看看小 P 为自己制订的英语能力 OKR，也请你根据自己的情况制订英语能力 OKR。

小 P 的英语能力 OKR

听　　说　　读　　写

听

- 每周听三段 2 分钟左右的听力材料
- 每段听四遍

第一遍：从头到尾听，不间断，不记录

第二遍：逐句听，逐句复述

第三遍：重复第二遍的动作，查漏补缺

第四遍：整段听一遍，做最后修正

写

- 每周写一篇英语文章，文章中要使用新学的单词、短语和句子

读

- 每天睡前读 15 分钟英语故事
- 每天记 20 个单词或短语，定期复习
- 搞懂阅读中的语法

说

- 每周至少参加课堂情景表演 3 次
- 课后参加学校"英语角"活动
- 每周和博士进行一次英语对话

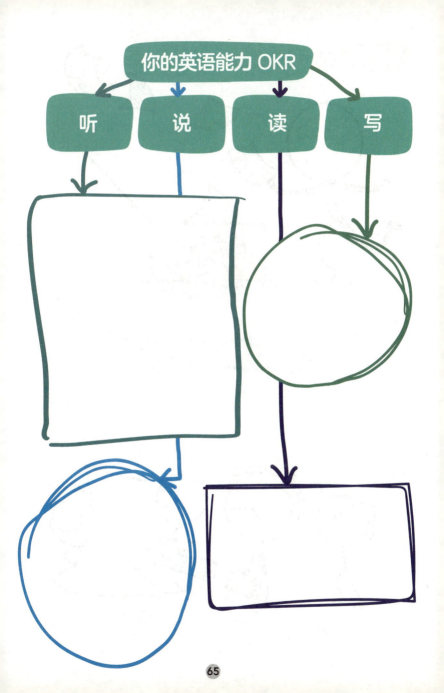

你的英语能力 OKR

听　说　读　写

考试工具箱

高不高得看
你自己。

您有不丢分
的高招?

　　小P倒是不怕考试，但是不管大考小考，他总会在很多"不起眼"的地方丢分，字迹不清、漏题、看串了行……拿到试卷又气自己马虎，然而下次考试还犯马虎。人为什么能在同一个坑摔好几次呢? 你想一想: 自己是不是也有这种情况? 不过，这也不算什么解决不了的难题。有了"考试工具箱"，我们就能把坑都填上，严防"马虎"乘虚而入。

　　芭芭拉·奥克利（Barbara Oakley）现在是一名工程学教授，但是她小学到高中的数理成绩并不理想，连她都没想到自己后来能攻读工程学博士，成为工程学教授。她在网站上开创的学习课"Learning How to Learn"，吸引了数十万人报名。她又把这套学习方法写成了《学习之道》，倡导读者不要被"我一定学不会""我不擅长"这些理由困住，找到适合自己的学习方法，每个人都可能发现不一样的自己！

考试还有
工具箱？

不但有，还有
很多工具！

谁喜欢考试呀？但是我们仔细想一想，考试有错吗？关键在于自己是如何看待考试的。芭芭拉认为"考试本身就是一种效果非凡的学习经历"。芭芭拉为什么这样说呢？你有没有发现考试特别能集中注意力，考试的时候时间似乎过得飞快，考试令我们对所学的知识记得更牢，理解得更多。这就是考试让学习效果得以彰显的所在。

我们在考试中也出现大大小小的失误，考试工具箱里有什么工具能帮到我们呢？考前需要准备什么呢？我们先来做个小测试。

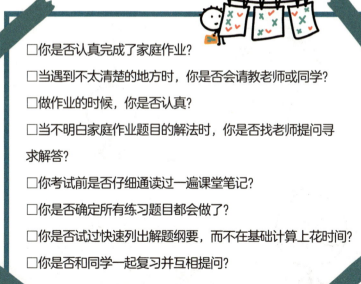

☐你是否认真完成了家庭作业？

☐当遇到不太清楚的地方时，你是否会请教老师或同学？

☐做作业的时候，你是否认真？

☐当不明白家庭作业题目的解法时，你是否找老师提问寻求解答？

☐你考试前是否仔细通读过一遍课堂笔记？

☐你是否确定所有练习题目都会做了？

☐你是否试过快速列出解题纲要，而不在基础计算上花时间？

☐你是否和同学一起复习并互相提问？

你回答的 "是" 越多，说明你为考试准备得越充分；如果你的回答里有两个及以上的"否"，那你就要认真考虑一下如何改善考前状态了。

考前紧张怎么办？即使我们三天一小考，五天一大考，还是难免紧张。缓解考前紧张的有效办法就是转移注意力，如深呼吸，对自己说"我可以做得更好"。考前一天，要快速浏览复习材料，重温一遍，最好不要太拼脑力。

备考清单

☐确定考试科目和考试时间

☐考试文具检查

☐考前一天休息充足

你可以把上面的测试和清单当作一个"样式"，根据自己的情况增删问题。

现在，你准备充分，精神奕奕地上考场了。试卷一发下来，先快速浏览一遍，对试卷内容有个大致印象，对哪些是最难的题目心里有个数。有人喜欢先做会做的题，再做要想一下才会做的题，最后做难题。你可以找找适合自己的方法。

考试清单

☐ 通读试卷，明确题目类型和题目数量

☐ 计划时间，分配大题和小题的时间占比

☐ 先答会的，遇到难的可以先跳过去

☐ 写清楚答题步骤

☐ 字迹清晰，卷面整洁

☐ 检查所有题目是否全完成了，题目与答案是否一一对应

按照上面的方法调整，你一定能取得一个好成绩！

整体性学习法

要读的书太多，要做的题太多……要不等明天再说？

等明天到了你还会再等明天……

那有没有学得快，而且还学得多的方法？

方法有很多，适合自己的才是最好的。

　　小 P 每天从家到学校，两点一线。在学校的课程安排是固定的，可以让自己安排的时间并不多，怎么才能在有限的时间发挥出最大的能量，让学习和玩耍两不耽误呢？"等明天"可不是个办法，"明日复明日，明日何其多"，拖延除了让小事堆积成大事，没有别的用处。有一个整体性学习法，或许能让我们的时间变"多"，学得更多。

　　斯科特·扬（Scott Young）是加拿大人，他用一年的时间完成了麻省理工学院（MIT）正常学习需要四年时间的33门课程，成为麻省理工学院历史上最快毕业的人。他认为不光他能做到，很多人都能像他一样学得快又多。他发明了一套整体性学习法（holistic learning），用这个学习法完成了在我们看来不可能完成的学习任务：一个月学会素描，一年学会西班牙语、葡萄牙语、中文、韩语四种语言……他是怎么做到的？

这个斯科特不是
吹牛吧？

人家可是有严格的
学习步骤的。

如何学得更快？那可不是天才的专利，学会使用正确的方法，我们也可以成为"天才"。整体性学习法鼓励"学得少"，是指花在学习上的时间少；"会得多"是指学习效果好，也就是说用最少的学习时间，达到最优的学习效果。

举个例子：二加二加二等于六，但更快的方法可能是计算二乘三等于六。运用"加法"没问题，但有的人则会从中发现"乘法"的优势，这样通过新的学习方法，获取新的理解能力，"学习如何学习"的技巧。整体性学习法并不是通过简化来加速学习，而是用学习方法提速，同时保持学习的质量。

3+3+3+3+……=54

3×6×3=54

记忆

之所以叫整体性学习法，是因为在学习的过程中，记忆只占一小部分。知识是一个整体，我们可以把所学的知识与其他知识相联系，具体怎么做，可以参考斯科特整理出来的整体性学习法的顺序。

获取　**理解**　**拓展**　**纠错**　**应用**

还有一个步骤——测试，是伴随上述每一步的。测试就是观察以上五个步骤做得好不好，严格的测试能发现问题出在哪里。

我们试着将整体性学习法代入小古文的学习。

获取

信息进入你的眼睛和耳朵，阅读、课堂上记笔记以及个人的种种经历都是获取。

斯科特在一年内掌握了四门外语，除了记忆，他还打开了"获取"的通道，他到西班牙、葡萄牙、中国和韩国旅游，让自己沉浸在语境之中。当然，我们学习小古文，不可能穿越回古代跟古人学，但是我们可以打开更多获取通道：多看、多读。凡是与小古文有关的先强行印在脑子里，这就完成了"获取"这一步。

理解

理解就是了解信息的基本意思，并放在上下文中产生联系，这是学习的最基本联系。

我们知道小古文中有实词和虚词之分，每个字有本义，也有衍生义，那我们可以从"理解"每个字入手，在"获取"中深入"理解"。

拓展

拓展阶段是整体性学习中最花力气的地方，这一步需要我们建立自己的知识网。斯科特说学习是一张网，知识与知识之间是有联系的，但这个联系点在哪儿，需要我们在"获取"和"理解"中不断探索和积累。

小古文的记忆任务很重，但是如果掌握了基础字词的用法，理解了文章的内容，记忆会轻松很多。重要的是，我们可以试着把小古文与历史、地理等建立关联，形成四通八达的网络，学习更多的知识。

纠错

纠错阶段是在过程中寻找错误。

没有万无一失的方法，只有更适合自己的思维工具。只能在过程中不断调整，让这个工具更适合自己。

有的人学小古文从死记硬背开始，有的人从理解小古文的释义开始。别人的方法是否好用？这需要我们亲自检验，适合自己的才是最好的。

应用

应用阶段是纠错阶段的延伸，在实践中发现问题，再解决问题。

测试

上述每一个阶段都需要测试，测试有助于我们迅速找到学习中的问题所在，帮助我们改进学习工具，克服缺点。

测试

获取		
理解		
拓展		
纠错		
应用		

一线教师联袂推荐

通过对书中学习方法的认识和熟悉，孩子们可以把这些方法与学习实践相结合，提升学习效率，为数学的持续学习打下坚实的基础。

——北京市东城区小学数学学科带头人　李继东

"小太阳记忆法"、制作"缀缀书"等有趣又实用的方法，让同学们能轻松记忆英语单词，理清语法规则，更加灵活自信地运用语言。

——北京市东城区府学胡同小学英语高级教师　何澄

深入浅出的讲解让学生轻松地理解知识，丰富多样的练习让学生熟能生巧。开启学生内心深处的"学习觉醒力"，正是我们的培养目标。

——北京市东城区骨干数学教师　高然

学习贵在找到正确的途径。如果你在语文、数学抑或是英语学科的学习中遇到困难，相信此书定会有令你心悦诚服的答案。

——北京市东城区骨干语文教师　石红梅

多年一线的教学经验使我得出结论：学生学习的本质是学习力的提升。当学习力提升后，其他学科的学习自然水到渠成！

——北京市东城区骨干语文教师　朱杰

阅读这本书，你会发现学习中的难题都找到了解决之道！

——北京市东城区骨干语文教师　袁日涉

这些新奇有趣的学习方法，不但让学习不再枯燥，还能帮助你们更快地记住知识呢！这能让你们在进行英语单词、语法和阅读技巧等英语知识的学习中更加游刃有余。

——北京市东城区骨干英语教师　董博珣

这套书中提炼了许多大师关于学习方法、行为习惯、思维方式的锦囊妙计。相信这套书能助力孩子提高学习兴趣，养成良好习惯，收获学习成功。

——北京市东城区灯市口小学语文教师、京城榜样教师　郭奇峰